Bahçeden Gül Koparma Ayini
Das Ritual vom Rosen Schneiden im Garten

Ausgewählte Gedichte

Müesser Yeniay

AF191569

Aus dem Türkischen
Martin Greve

Müesser Yeniay

Bahçeden Gül Koparma Ayini
Das Ritual vom Rosen Schneiden im Garten

Gedichte

Aus dem Türkischen
Martin Greve

Impressum

Bibliografische Information der Deutschen Nationalbibliothek:
Die Deutsche Nationalbibliothek verzeichnet diese Publikation in der Deutschen Nationalbibliografie; detaillierte bibliografische Daten sind im Internet über http://dnb.dnb.de abrufbar.
© 2022 Martin Greve
Herstellung und Verlag: BoD – Books on Demand, Norderstedt
ISBN: 9783756839506

Inhalt

Vorwort des Übersetzers

Ich hörte von Müesser Yeniay erstmals vor etwa vier Jahren durch eine gemeinsame Freundin, Meltem. Meltem liebte ihre Gedichte für ihre Klarheit und Kraft, mit der sie über die patriarchale Gesellschaft der Türkei sprach, und sie schlug mir vor, einzelne Gedichte ins Deutsche zu übersetzen. Ich begann zu lesen, Gedichte und Essays von Müesser Yeniay, dann die von ihr herausgegebene Lyrikzeitschrift *Şiirden*, und tauchte ein in ihre lyrische Sprache. Tatsächlich fällt bei vielen ihrer Gedichte zunächst die Direktheit auf, oft auch Wut. Kaum eine lyrische Stimme der Türkei spricht derart bewußt und klar aus weiblicher Perspektive. Neben dieser klaren Haltung aber zeichnen sich ihre Gedichte immer auch durch eine filigrane Sprache aus, durch Formbewußtsein und Klanglichkeit. International erfahren als Übersetzerin und Herausgeberin, schreibt Müesser Yeniay in einer Sprache, die sich gut in eine zeitgenössische deutsche Lyrikwelt übertragen läßt. Gerade ihre klar feministische und gleichzeitig so lyrische Perspektive erschien mir interessant und wichtig für Deutschland. Überhaupt ist die jüngere türkische Lyrik (Müesser Yeniay ist Jahrgang 1984) in Deutschland noch kaum bekannt und von Müesser Yeniay liegen auf Deutsch bislang nur vereinzelte Übersetzung vor, online oder in Anthologien. Zunächst nur für mich selbst, und ohne an eine Publikation zu denken, begleiteten mich die Übersetzungsversuche ihrer Gedichte über die folgenden Monate. Meltem hatte einen direkten Kontakt zu Müesser Yeniay vermittelt und wir begannen, uns über einzelne Gedichte auszutauschen, dann auch über eine Auswahl für eine deutsche Ausgabe.

Während all dieser Zeit verließen mich nie die Zweifel an meiner Arbeit: Als Mann ein Gedicht wie *Kadin Bedeni / Frauenkörper* zu übersetzen, fühlte sich irgendwie falsch an. Würde ich Gedichte wie *Periode / Regl* oder *Mastürbasyon / Masturbation* überhaupt adäquat verstehen und ins Deutsche übertragen können? Wirkte es nicht wie eine ironische Fügung, dass solche Gedichte nun von einem Mann ins Deutsche übersetzt werden sollten. Ein männlicher Übersetzer wird bei diesen Gedichten, stärker noch als ohnehin, immer wieder daran erinnert, sich

selbst und seine eigene Stimme gänzlich zurückstellen zu müssen.
Die Arbeit an an den Übersetzungen zog sich in die Länge. Über zwei Jahre lang arbeitete ich an den Übersetzungen, immer wieder im Dialog mit Müesser Yeniay. So sehr ich mich bei meiner Arbeit an den Gedichten aber auch darum bemühte, ausschließlich, so weit es eben ging, die Stimmer der Lyrikern wiederzugeben, so blieb doch immer auch die allgegenwärtige und unvermeidliche Verantwortung des Übersetzers. Nach und nach rückten sprachliche und formale Schwierigkeiten in den Vordergrund, wie sie bei Übersetzungen häufig auftreten, etwas durch unterschiedliche Wortfelder. Das türkische Wort "uçurtma" beispielsweise bedeutet einfach "Drachen". Im Deutschen aber gibt es zwei "Drachen": solche, die man im Herbst steigen lässt und andererseits die feuerspeienden Fabelwesen. Letztere jedoch heißen im Türkischen "ejderha", ein Wort zu dem "uçurtma" keinerlei Assoziationen enthält. Um diese Assoziation von "Drachen" im Deutschen ebenfalls zu vermeiden, übersetzte ich den Titel dieses Gedichtes daher als "Papierdrache", was dem Wort jedoch etwas leichtes, eben papiernes hinzufügte, dass im Original nicht enthalten ist. Das türkische Wort hingegen beton das Fliegen ("uçmak").

Ein grundlegender Unterschied zwischen Türkisch und Deutsch, der sich bei Müesser Yeniay besonders stark auswirkt, ist die Tatsache, dass die türkische Sprache kein grammatisches Geschlecht kennt. So bedeutet das türkische Wort "o" gleichermassen "sie", "er" oder "es". Ob mit 'sevgili' also ein Geliebter oder eine Geliebte gemeint ist, geht aus dem Wort nicht hervor. Die deutsche Sprache jedoch zwingt hier zu einer Unterscheidung (sofern man ein eher unlyrisches "Geliebte:r" vermeiden will). In den hier vorliegenden Übersetzungen traf stets Müesser Yeniay diese Entscheidung selbst. Auch die Regeln der Groß- und Kleinschreibung unterscheiden sich zwischen beiden Sprachen, ebenso einige sprachliche Gepflogenheiten, wie die in türkischer Literatur häufigen drei Punkte am Zeilenende (...), die in zeitgenössischer deutscher Lyrik praktisch nie vorkommen.

Am schwierigsten waren die häufig notwendigen Abwägungen von Inhalt und Form. Während im Türkischen die regelhafte Satzstellung Subjekt – Objekt – Verb lautet, ist sie im Deutschen Subjekt – Verb – Objekt. Überdies wird die Satzstellung in der Lyrik beider Sprachen häufig variiert. Nur selten

sind alle sprachlichen Nuancen, Varianten der Wortstellung an gleicher Stelle auch im Deutschen möglich, als sprachliches Mittel jedoch sind die meisten auch im Deutschen nicht unbekannt und wurden soweit möglich eingesetzt.
Die Wortstellung nun wirkt sich unmittelbar auf die graphische Form aus. In all ihren Gedichten legt Müesser Yeniay großen Wert auf eine Balance von graphischer Form und dem Inhalt der Worte, eine Balance, die in der Übersetzung oft neu gefunden werden musste. In *Die Vase / Vaso* etwa finden sich im Original folgende Zeilen:

Orada sağlam bir vazo gibi
duruyor zaman

Eine Wort-für-Wort-Übersetzung wäre:

dort fest eine Vase wie
steht die Zeit

Die Übertragung lautet dann:

wie eine feste vase
steht dort die zeit

oder aber:

dort steht die zeit
wie eine feste vase

In der letzten Fassung haben die Zeilen in der Übersetzung also die Reihenfolge getauscht. In ähnlich Art und Weise musste bei den Übersetzungen immer wieder entschieden werden, ob eher die graphische Form nahe am türkischen Original bleibt oder der Inhalt. In dem Gedicht *Im Geheimnis / Sırrın içinde* beispielsweise heißt es:

gözlerimden gözlerine
akan ırmakta
    sürüklenmekteyim

13

Eine Wort-für-Wort-Übersetzung wäre:

von meinen in deine augen
fließenden fluss darin
   treibe ich

In der Übertragung:

ich treibe
auf dem fluß
   von meinen in deine augen

Durch die eingerückte Zeile fällt im Türkischen ein besonderes Gewicht auf das Wort "sürüklenmekteyim", also "treibe ich". Für eine deutsche Übertragung muss nun entschieden werden, ob die graphische Form erhalten bleiben soll, oder die inhaltliche Gewichtung. Man könnte durchaus auch schreiben:

auf dem fluß
von meinen in deine augen
   treibe ich

also mit etwas ungewöhnlicherer Wortstellung (wie sie sich im Original nicht findet);
oder aber, indem man die graphische Anordung verändert:

ich treibe
auf dem fluß
von meinen in deine augen

In der übersetzerischen Praxis musste daher immer wieder aufs Neue abgewogen und letztlich ein Kompromiss entwickelt werden, der überdies als deutsch-sprachige Lyrik bestehen kann.
In dem Gedicht *Sel / Überflutung* heißt es:

bir sevgili kalsa
ve onun kelebekler gibi üzerime düşen
      bakışları

Wörtliche Übersetzung:
wenn nur ein geliebter bliebe
und seine über wie Schmetterlinge auf ich fallende
Blicke

Übertragung:

wenn nur ein geliebter bliebe
und seine blicke auf mich fielen
wie schmetterlinge

Die Gewichtung hat sich also von "seine Blicke" auf "Schmetterlinge" verschoben, dafür aber blieb die graphische Form erhalten. Um diese "Blicke" an das Satzende zu versetzen, wäre aber ein etwas gespreiztes Deutsch notwendig:

wenn nur ein geliebter bliebe
und auf mich fielen wie schmetterlinge
seine blicke

So zwangen mich die großen Unterschiede zwischen beiden Sprachen sowie der sprachliche Transfer dieser so weiblichen Gedichte durch einen männlichen Übersetzer immer wieder zu Zweifeln, starker Vorsicht und Aufmerksamkeit gegenüber jedem einzelnen Gedicht. Mir wird diese Arbeit fehlen.

Martin Greve, Istanbul, im September 2022.

Bahçeden Gül Koparma Ayini

(Hayalin ince kelemi çiziyor
kalbi eskitecek olanı)

unutmuyorum bir gül yaprağında uyuduğum
geceyi

Das Ritual vom Rosen Scheiden im Garten

(es zeichnet der feine stift der phantasie
denjenigen, der das herz altern läßt)

ich vergesse nicht die nacht, in der ich auf einem
rosenblatt schlief

Sepet

Kemikleri
kırılıyor kalbimin

sarıl bana
bir sepet gibi

örülelim

Der Korb

die knochen
brechen meines herzens

umarme mich
laß uns wie ein korb

ineinander verflechten

Şimdi Bana Anlatmayın Erkekleri

Canım öyle acıyor ki
yerin altındaki taşları uyandırıyorum

kadınlığım benim
içine taş doldurulan kumbaram
solucanlara yuva, ağaçkakanlara
vücuduna inen tilkilere kovuk
kollarıma yeni tohumlar serpilir
hayatının erkeği aranır ki ciddi meseledir

kadınlığım soğuk mezem
ve bir yokluğun evi olan kasığım
dünya burada duruyor
sen içine atılan çöplerle yaşa

gittiğinde etin tırnaktan ayrıldığını anlat ona
kopuşun ilmiyle yaşadığını
anlat ona o amansız hastalığı

derisi soyulmuş bir kuzu gibi üşür eti bakışlarınızda
"ben size annenizin rahmini borçlu değilim, bayım"
kadınlığım, zaptedilmiş kıtam

ne bir tarlayım ekilen…
kazıyın bedenimden o benim olmayan organı
düşürebilseydim bir yılan kavı gibi
anne olunmaz bir cinayete

vatan değil, kadın bedenidir bölünen
şimdi bana anlatmayın erkekleri

Erzählt mir jetzt nichts von Männern!

steine unter der erde erwecke ich
so sehr schmerzt meine seele

meine weiblichkeit
eine spardose voller steine
ein heim für würmer, für spechte
ein hohlraum für die füchse
wie sie meinen leib hinabsteigen
neue samen keimen auf meinen armen
man sucht den mann des lebens, so ernst ist das thema

meine weiblichkeit eine kalte vorspeise
und eine heimat für das nichtsein meine scham
hier hält die welt an
lebe mit dem müll, den man in dich warf

wenn er geht, erzähl ihm, dass fleisch sich von den nägeln löst
dass du mit dem wissen der trennung lebst
erzähl ihm von der gnadenlosen krankheit

ich friere unter euren blicken wie ein enthäutetes lamm
"ich schulde ihnen nicht die gebärmutter ihrer mutter, mein
herr"
meine weiblichkeit, ein unterworfener kontinent

auch kein bepflanztes feld bin ich...
kratzt dieses fremde organ aus meinem körper
könnte ich es nur abstreifen wie eine schlangenhaut
nicht mutter zu werden für einen mord

der körper der frau wird verteilt, nicht das land
erzähl mir jetzt nichts von männern

Gezi Parkında bir Kuş Yuvası

Nâzım Hikmet'e saygıyla

Bir kuş yuvasından yazıyorum bunları
iki dal arasında, Gezi parkında
göğsüme bıçak gibi saplanıyor nefesim
göğü yıkmaya geliyorlar bütün yeryüzü halkıyla

bir kuş yuvasıyım Gezi parkında
iki dal arasında

burada insanlar zehirli
ağaçlar sökülmüş

kovuluyoruz annemizin
bizi davet ettiği dünyadan

kuş seslerini bombalıyorlar
-çıkaramaz kuşlar çil çil para sesini-

bir Ethem duyuluyor ateşler içinde Anka!
kaynak işçisi Ankara'da...
yığılıyor bedeni kuş tüyü gibi

ölmeden toprak ediyorlar bizi
duman altında sokak çocukları ve kediler
kambur sırtlarında kaybolan rüya
kör gözlerle dünyaya bakılmaz artık
ya uyumak hiç ummadığın bir anda!
hiç ummadığın anda uyumak...

ben bir kuş yuvasıyım Gezi parkında
bir çift dal arasında

Ein Vogelnest im Gezi-Park

für Nâzım Hikmet

von einem vogelnest aus schreibe ich dies
zwischen zwei ästen, im gezi-park
steckt mein atem in meiner brust wie ein messer
sie kommen den himmel zu zerstören die welt
mit ihren menschen

ich bin ein vogelnest im gezi-park
zwischen zwei ästen

die menschen hier sind giftig
die bäume gefällt

wir werden vertrieben aus der welt
in die unsere mütter uns einluden

sie bombardieren vogelstimmen
- vögel sprechen nicht die stimme des klingenden geldes -

ein ethem ist zu hören, anka, der märchenvogel, im fieber
ein schweißer in ankara
sein leib bricht wie eine feder

zu erde machen sie uns, vor unserem tod
straßenkinder und katzen unter dem rauch
ein verlorener traum auf ihren buckligen rücken
mit blinden augen sieht man die welt nicht mehr
oder in einem unverhofften augenblick zu schlafen
zu schlafen in einem unverhofften augenblick

ich bin ein vogelnest im gezi-park
zwischen einem paar von ästen

Ethem Sarısülük: Ein gelernter Schweisser, wurde während der
Gezi-Proteste am 14. Juni 2013 von der Polizei erschossen.

Yonca

Talât S. Halman'a

Tanrı
bir yonca yaprağını
koparır gibi
kopardı beni dünyadan

zamanın tenhalığında
hatıralar kaldı

bir kadının rahminde
geldiğim dünyadan
bir ağacın rahminde
gidiyorum

yeni bir beden
bulmak için
kaybettiğim rüyaya

Klee

für Talât S. Halman

gott
pflückte mich von der erde
wie man ein kleeblatt pflückt

erinnerungen blieben
in der ödnis der zeit

ich kam zur welt
in der gebärmutter einer frau
in der gebärmutter eines baumes
verlasse ich sie

einen neuen körper
zu finden
für meinen verlorenen traum

Bedesten

Ey Allah'ın
boşluğa olgun meyveler
gibi düşüp
parçalandığı yer!

dürüp gidelim
ipekli bir kumaş gibi
tenimizi
        ağrının bedesteninden

Markthalle

dort wo gott
in die leere fällt
wie reifes obst
und zerplatzt!

lass uns unsere haut
wie seidentücher
aufrollen und gehen
    die markthalle der schmerzen verlassen

Kervansaray

Ey yeryüzü kabilesi
davullar çalındı, kapılar kapandı
kervansarayda

bir mum, bir somun ekmek, bir tas çorba
ve at için bir torba yulaf

bu kadim ağaçla gölgelenen avluda
en fazla üç gün

sonra üç bin develik kervan...

duvarda balta, teber
bedenler ocak ateşiyle sıcak

ay, yeni bir gündüz kurar gibi
büyümekte

Karawanserei

he, stamm der erde
trommeln wurden geschlagen, türen geschlossen
in der karawanserei

eine kerze, ein laib brot, ein schale mit suppe
und ein sack hafer für das pferd

höchstens drei tage
beschattet durch diesen alten baum im hof

danach eine karavane von dreitausend kamelen...

an der wand ein beil, eine axt
die körper heiß vom herdfeuer

wie um neue tageshelle zu erschaffen
nimmt der mond zu

Allah'ın Evi

Allah'ın evinden
yüreğin adasına
çıktık
      olduk var

yeryüzü evindeyiz
bedenler semavî

Gottes Haus

aus gottes haus
brachen wir auf
zur insel des herzens
   wurden wir

sind im haus der erde
die körper aetherisch

Hastalık

Duvarı yumruklar gibi
vurdun bana

kadın
mağaran değil
istediğinde içine serilip
yatacağın

bir sincap gibi
tırmanamazsın üzerine

nektar değil
abdestini bozar içine

ağacı silkeler
gibi hırpalar severken

erkeklik
büyük hastalık

Krankheit

mit fäusten schlugst du nach mir
wie auf eine wand

die frau
ist nicht deine höhle
in der du ausgestreckt daliegst
wann immer du willst

du kannst nicht über sie springen
wie ein eichhörnchen

dein wasser läßt du in sie
keinen nektar

sie schinden im lieben
als schüttelten sie einen baum

männlichkeit
ist eine große krankheit

Recm

Dışarısı gece
içerisi ayrılık

son günü olmalı bugün
dünyanın
-onu düşündüğüm-

aşk biter...

yürek
recm edilen bir kadın gibi kalır
gerçeğin ortasında

yürek, Tanrı'nın
bana attığı en büyük
taş

Steinigung

draußen die nacht
in ihrem inneren trennung

dies muß der letzte tag
der welt sein heute
- an ihn zu denken -

die liebe endet...

das herz
wie eine gesteinigte frau
inmitten von wirklichkeit

das herz
ist der größte stein den gott
je nach mir warf

Uçurtma

taedium vitae

Zamanın dışından
     dünyayı
seyrediyorum

yokluğun çölünden
varlığın çadırına

bir uçurtmayım
     çılgınca uçan

acının semalarında

Pappierdrachen

taedium vitae

ich sehe
  die welt
von außerhalb der zeit

aus der wüste deines nicht-seins
in das zelt der existenz

ich bin ein papierdrachen
  fliege konfus

im firmament der schmerzen

Paramparça

Avını yemiş
semirmiş vahşi bir hayvan gibi
çekiliyor acı
                üzerimden

yazmak olmasa
dağılacağım zerrelerime

Zertrümmert

er fraß seine beute
wurde fett wie ein wildes tier
der schmerz zieht sich zurück
        aus mir

ohne das schreiben
zerfalle ich in meine atome

Hallac-ı Mansûr

-Kim o?
-ben, hakikat.

yüreğin zarfında
bir mazruf

Hallac-ı Mansûr

- wer ist da?
- ich, die wahrheit

eine note in der hülle
meines herzens

Al-Hallâdsch (im Türkischen meist Hallâc-ı Mansûr), persischer
Sufi-Dichter (858-922)

Sazlık

Yalnız kuşlar biliyor Sulina'da
göğe giden yolu

(ey Tanrı)
beni kıyıya bağla
zamana değil

Schilf

nur die vögel kennen in sulina
den weg in den himmel

(he, gott)
binde mich an das ufer
nicht an die zeit

Müesser Yeniay

Bu hem benim
hem ben değilim

-benden olmayan ne var içinde?
-benden olan ne var içinde?

Yanıt:
ben kendimi içimden bilirim
ve elbet başkaları bilmez içimi

adımda yüzüm, sesim, tenim
adımda bildiğiniz her şey

ve daha azı benim bildiklerimin

Müesser Yeniay

dies bin ich
und bin es nicht

- was in dir ist nicht mein?
- was in dir ist ist mein?

die antwort:
ich kenne mich von innen
und sicherlich niemand sonst

mein gesicht, meine stimme, meine haut in meinem namen
alles, was sie wissen, in meinem namen

und weniger noch von dem, was ich weiß

Emekli Tanrı

Bende derinde
her yere uzanan bir kök
var

bende insandan
daha derin bir şey

kalbim, emekli bir tanrı
unutmuş hükmetmeyi

bende bu dünya
bende ötesi

kaybeden aklım
savuruyor kendisini boşlukta

daha fazlasıyım insanın

Gott im Ruhestand

in mir in der tiefe
wuchernd nach überall
eine wurzel

in mir etwas
tiefer als ein mensch

mein herz, gott im ruhestand
der das herrschen vergaß

in mir diese welt
in mir das jenseits

mein verstand verliert sich
schleudert sich in die leere

ich bin mehr als ein mensch

Vazo

Orada sağlam bir vazo gibi
duruyor zaman

kalp, kırıklarını süpürüyor
ayaklar altından

anlamak zor bu kargaşa dolu ruhu
bu dünyayı, bu düzeni

içimizdeki sıkıntı
çoğaltıyor ölümleri

Suriyeli bir çocuk sahile vuruyor
Cizre'de halk kör kurşunlarla doyuyor

ünlüyorum ruhuma
kimse ses vermiyor

Die Vase

dort steht die zeit
wie eine feste vase

das herz fegt ihre scherben
unter den füssen hervor

diese seele voller chaos zu verstehen ist schwer
diese welt, diese ordnung

die sorgen in uns
mehren das sterben

ein syrisches kind schlägt ans ufer
die menschen in cizre voller blinder kugeln

ich rufe meine seele
niemand antwortet

Sırrın İçinde

Sırrın içinde
    seni buldum

sende sırroldum
sende sırroldum

şimdi sessizlik akrabam
şimdi kalbim otağım

gözlerimden gözlerine
akan ırmakta
    sürüklenmekteyim

Im Geheimnis

ich fand dich
   im geheimnis

mit dir wurde ich zum geheimnis
mit dir wurde ich zum geheimnis

jetzt ist die stille meine verwandte
jetzt ist mein herz mein zelt

ich treibe
auf dem fluß
   von meinen in deine augen

Regl

Postfeminismus

Damlaya damlaya söz olur
sessizlik

kadınım, şairim
vücudumu hırpalayan
hiçlikte

söylencesi var
her ay
rahmimi bırakan yumurtanın
bedenimde

izi var

kadınlığım
aşil topuğum

her ay havlayan köpeğim

          erkekten şair olmaz
          erkekten şaire kalem olur

Periode

Postfeminismus

tropfen um tropfen
wird das schweigen zu worten

ich bin eine frau, eine lyrikerin
meinen körper misshandelnd
im nichts

die eizellen die jeden monat
meine gebärmutter verlassen
haben eine legende
in meinem körper

sie hinterlassen eine spur

meine weiblichkeit
meine achillesferse

mein hund der jeden monat bellt

aus männern wird keine lyrik
aus männern werden federn der lyrik

Yazmanın Fenomenolojisi

Şimdi sen
    boş bir sayfasın
        davetkâr

yazmak
    -belki de-
      şehvettendir

bir ben hazır değilim
-nicedir aklımda çağrın-

beni çağır beni çağır
mürekkebin akışı

      devadır
yaralarıma

Phänomenologie des Schreibens

jetzt bist du
    einladend
        eine leere seite

schreiben
   - vielleicht sogar -
      aus lust

nur ich bin nicht bereit
- deine vielen rufe in mir -

rufe mich, rufe mich
der fluß der tinte

   ist medizin
für meine wunden

Taş

Oradan oraya savruluyordum
canım çokmuş gibi
saf ruhmuşum gibi

her gün başka bir ateş düşüyor
nazar ettiğim yere

buruşturulmuş kâğıtlarla dolu
aklım, söylenmeyenleri
cevherleştiren şiir..

taşın altından izlediğim dünya
ağır, çok ağır

Stein

ich irre von hier nach da
als wäre mein geist viele
als wäre ich eine reine seele

jeden tag fällt ein anderes feuer dort
wohin mein böser blick fiel

mein verstand voll zerknülltem papier
ungesagtes
veredelndes gedicht...

die welt, die ich sehe unter einem stein
ist schwer, sehr schwer

Bu Dünya Erkek

Bir kadınım
bu kocaman yeryüzü gibi
     ağaçsızım

     yaşıyorum belki
     toprağın altındayım
     alt-üstüm

nefes alıyorum
dünyada kalayım diye değil

bazen bir erkeğe gidiyorum
     -bir hiçliğe-

bu dünya erkek
güçlü, ödlek, sahtekâr

Diese Welt ist ein Mann

ich bin eine frau
baumlos wie diese riesige
     welt

    vielleicht lebe ich
    verwirrt
    unter der erde

hole atmen
nicht um auf der erde zu bleiben

manchmal gehe ich zu einem mann
  - zu einem nichts -

diese welt ist ein männlich
stark, feige, falsch

Mastürbasyon

Uyanıyor bedenimin
        bütün çizgileri

bir üzüm tanesi gibi
    doluyum, karayım

yoksa bir erkek
        sevmeye seni

ellerinden erkekler yap

[bedenine uzanan
            ve yıkılan
köprüler gibi kalır
            bütün erkekler
                çünkü]

Masturbation

alle linien meines körpers
   erwachen

ich bin erfüllt und schwarz
   wie eine einzelne traube

wenn es keinen mann gibt
   dich zu lieben

erschaffe männer aus deinen händen

[denn alle männer
      bleiben brücken
aalen sich auf deinem körper
   und stützen ein]

Sevgiliyle Daimî Konuşma

Kendimi sana açtım
bir fermuarın dişleri
         gibi

teker teker
ayrıldım ikiye

dokunduğunda bana
seyrettim yeryüzünün
         görkemini

[senin ellerinde
uçuşan küçük
     periler var]

gördün içimdeki
o tatlı boşluğu

bedenim
eriyen kar gibi
     bedenine karıştı

Ständiges Gespräch mit dem Geliebten

ich öffnete mich dir
wie die zähne eines reissverschlusses

wieder und wieder
entzweit

in deinen berührungen
sah ich den glanz
    der welt

[kleine umherfliegende elfen
in deinen händen]

diese süße leere
sahest du in mir

mein körper
tauchte in deinen
    wie schmelzender schnee

Sel

İnsan her şeye alışıyor
karnında saplı bıçağa
dakikaların cam kırığı gibi batmasına

özlem yırtıcı bir hayvan üzerimde
günlerdir pençeleri arasında
yaşamaya çalışıyorum

yordu beni bu kaba düzen
bu kaldırım erkeklik
bir sel gelse götürse hepsini

bir sevgili kalsa
ve onun kelebekler gibi üzerime düşen
bakışları

Überflutung

der mensch gewöhnt sich an alles
an ein messer im bauch
an das eintauchen von minuten wie glassplitter

die sehnsucht wie ein raubtier über mir
tagelang versuche ich
in seinen krallen zu leben

diese grobe ordnung ermüdete mich
diese männlichkeit
wenn nur eine flut alles mitnähme

wenn nur ein geliebter bliebe
und seine blicke auf mich fielen
       wie schmetterlinge

Aşk

Benim dışımda
bir bedenim daha
       var

aşk diyorlar
adına

[oysa ağrı bu]

seni bedenimde taşısam
ancak bu kadar hissederdim
      varlığını

Liebe

außerhalb
ist noch ein körper
    von mir

man nennt ihn
liebe

[aber es ist schmerz]

wenn ich dich in meinem körper trüge
nur dann spürte ich so sehr
    dass es dich gibt

Arzu

Sessiz kaldıkça sen
harflerim irileşiyor benim

arzu, diri nefesiyle
üflüyor

uzaklarda da olsan
bizi bağlayan urgan
       çözülmüyor

tavaf edelim gel
sınırlarını aşkın..

gel sığ bedenime
beni ittir, ötele
       yer aç kendine

(ruhuma, ruhunu giydir..)

Verlangen

während du stumm bleibst
wachsen meine wörter

das verlangen bläst
mit lebendem atem

auch wenn du weit entfernt bist
das band zwischen uns
    löst sich nicht

wir wollen die grenzen umkreisen
der liebe, komm...

komm, fass meinen körper
schiebe mich, setze mich zurück
    mach dir platz

(kleide mit meiner seele die deine...)

Ağız

Bir rüzgâr gibi
gir bedenime

dağıt, savur
ne varsa içeride

kokunu alıyorum
sesini duyuyorum
görüntün gözlerimde

yanımda değilsin
kanımın akışı
        senin olduğun yöne

iki ağzı var bedenimin
biri seni sevmeye
diğeri seni sevdiğini söylemeye..

Mund

komm in meinen körper
wie ein wind

zerteile, verwirbele
was immer darin ist

ich rieche dich
höre dich
sehe dich

du bist nicht neben mir
der fluß meines blutes dorthin
        wo du bist

die zwei münder meines körpers
einer dich zu lieben
der andere dir zu sagen dass ich dich liebe...

Dal

Kızgın kor gibi
    akmasını izliyorum
aşkın benden sana

sanki mesafe yok
aramızda

sanki içinden defalarca
küçük senler çıkan
bir matruşka gibiyim

sanki tek ruhuz
ayrı iki bedende

iki ayrı dalda
aynı elma

       ben hayaline tutunuyorum
       -düşmemek için
          dünyadan-

Der Zweig

ich sehe die liebe
   wie wütende glut
von dir zu mir fließen

als läge nichts
zwischen uns

wie eine matruschka bin ich
aus der immer neue
kleine du's erscheinen

als wären wir eine seele
in zwei getrennten körpern

der gleiche apfel
an zwei verschiedenen zweigen

    ich halte an diesem traum fest
   - um nicht aus der welt
      zu fallen -

Erkeğin Sevgisi

Sevilmek için
en fazla 55 kilo
1.70 boyda
    olmalıyım

cildim sıkı
temiz ve beyaz

dudaklarım ve kalçalarım
dolgun olmalı

kasıklarım geniş
göbeğim venüs tepesi

yoksa hak etmiş olmam
bir buz kalıbı gibi -hemen-
çözülecek olan
    erkek kucağını

Die Liebe der Männer

um geliebt zu werden
darf ich höchstens 55 kilo
und 170 cm haben

meine haut sei straff
sauber und weiß

meine lippen
und mein hintern voll

meine scham breit
mein bauch ein venushügel

sonst verdiene ich ihn nicht
den wie eine eisform - sogleich -
sich lösenden
    schoß der männer

Şeker

Yarısı toprak vücudumun
yarısı kan

yarısı bir erkeğin avuçlarında
yarısı ateşin

can
duvarlarına çarpıyor bedenin

[bir sen geldiğinde yatışıyor
gönül süsleyenim, gün ışığım]

ağzımda çakıl taşları
döktükçe hafifliyorum

gaybdan gelmiş gibiyim
taa kendimin içinde

bir dilim var
-lakin bilse söyler-

suda eriyen şekerim
suyum görünmez

Zucker

die hälfte meines körpers erde
die hälfte blut

die hälfte in der handfläche eines mannes
die hälfte im feuer

die seele
stößt an mauern des körpers

[wenn du kommst, lässt alles nach,
mein ausschmücken der seele, mein tageslicht]

mit dem ausschütten der kiesel
aus meinem mund werde ich leichter

wie aus der unsichtbaren welt gekommen
bin ich tief in mir selbst

ich habe eine zunge
- wenn sie wüsste, sie spräche -

ich bin in wasser gelöster zucker
mein wasser ist unsichtbar

Arub

Sevgilim
kal diye bende
    kal

içime
sokuyorum
    seni

bedenim ol
istiyorum

      [sensiz garib
      sensiz aciz

      seninle tamam
      seninle abad

      bu fakir]

Arub: Arapçada "Erkeğini seven kadın" anlamındadır.

Arub

mein liebster
zu bleiben
   bleib

ich führe
dich
      in mich

sei mein körper
ich will

        [ohne dich seltsam
        ohne dich ohnmächtig

        mit dir bereit
        mit dir erblühend

        deine armselige]

*Arub bedeutet im Arabischen "eine Frau ihren Mann liebt".

Kadın Bedeni

İçimdeki boşluğu
bir cevher gibi
parlatıyorum

-abidesi o
yokluğunun-

içimdeki boşluğu
bana geleceğinin kanıtı
diye seviyorum

-çünkü çöl de bir kadındır-

bir mekânım ben
        gittiğinde benden

toz duman
olmanı isteyen

Frauenkörper

meine innere leere
lasse ich glänzen
wie ein juwel

- ein mahnmal dieses
nichtseins -

ich liebe diese innere leere
als beweis
dass du zu mir kommst

- denn auch die wüste ist eine frau -

ich bin ein ort
    wenn du mich verläßt

im wunsch
du wärest eine staubwolke

Yılan

Çölde
iki yılan gibi
sarılıyor bedenlerimiz
                    birbirine

engin boşluğun ortasında
ebedî sarhoşluk

çözmeye çalışır gibi
                bir düğümü
-daha çok-

dolaşıyor bedenlerimiz birbirine

Schlange

wie in der wüste
zwei schlangen
umschlingen einander
    unsere körper

ewige trunkenheit
in endloser leere

- oder -
unsere körper verwirren sich

wie im versuch
       einen knoten zu lösen

Hazine

Hangi erkek yıktıysa beni
dönüştürdüm her harabeyi
bir hazineye

Schatz

welcher mann mich auch einriss
jede ruine verwandelte ich
    in einen schatz

Kiraz Çekirdeği

Sevdiğin adam
-yüreğinin içinde kiraz çekirdeği
        gibi sakladığın-

gitmek isterse bir gün senden

at bir kesik
ve göster

kapısını kalbinin

        bir heyûladır erkek
        destanını kendi kaleminle yazdığın..

Kirschkern

der mann den du liebst,
- den du verbirgst wie einen kirschkern
        in deinem herzen -

will er dich eines tages verlassen

so mach einen schnitt
und zeige

die tür deines herzens

        der mann ist ein spukgeist
        seine legende schriebst du mit deiner feder...

Ateş Parçası

Bir kadın değilim ben
bir ateşim

sana doğru yürüyen
seni yutan

yan benimle
erisin teninin saf cevheri

    bedenimi susturamıyorum
    bedenimi susturamıyorum

Feuerteil

ich bin keine frau
ich bin feuer

das auf dich zukommt
dich verschlingt

brenne mit mir
möge das reine juwel deiner haut schmilzen

ich kann meinen körper nicht zum schweigen bringen
ich kann meinen körper nicht zum schweigen bringen

İlikle

Bedenime
dahil
ol

iliğe
geçirir gibi
düğmeyi

geçir
beni
kendine

Anknüpfen

sei
ein teil
meines körpers

verbinde
mich
mit dir

als ob man einen knopf
ansteckt
bis ins mark

Keşiş

Günlerim seni düşünerek geçiyor
senin olmadığın yerlere görüntünü koyarak

zaman sevgiyi hallaç pamuğu gibi
attığında, yalnız beyazlığı ve yumuşaklığı
kalacak geçmişin aklında

ben buradayım, Nepal dağlarında
bir keşiş gibi taşıdığım asamla
aşkın inzivasında

yürüyeceğim

Nonne

meine tage vergehen in gedanken an dich,
damit, dein bild dort niederzulegen, wo du nicht bist

wenn zeit die liebe wie watte
zerstreut, bleibt im erinnern
nur das weisse und weiche der vergangenheit

hier bin ich, in den bergen von neapel
werde wandeln mit meinem gehstock
den ich trage wie eine nonne

im einsiedlerleben der liebe

Göğüsler

Göğüslerimin anlamı ne?
üstümde iki çıkıntı

ya da senin bakışına uzanan
iki tümsek

-göğüslerim, ellerinin
dağılıp toza dönüştüğü
bir büyü tası-

sıcaklığın ve yumuşaklığın
simyası

sana anlatacak hikâyeleri var

Brüste

welchen sinn haben meine brüste?
zwei ausbuchtungen oben an mir

oder zwei beulen
sich verlängernd zu deinem blick

- meine brüste sind zauberbecher
die deine hände auflösen
und zu staub werden lassen -

alchemie
von wärme und weichheit

sie können dir geschichten erzählen

Antwerp'te

Bir yağmur sicimiyim gökte
diğerlerinin yanında
yalnızca düşüşümü izliyorum

bulutlar kırılıyor bir çekiçle
Antwerp'te
o sicim gibiyim

kalbimc cldiven geçirip
tutuyorum insanları

en çok erkekleri [memleketimde]
ve neden ellerinde çekiçle dolaştıklarını
düşünüyorum

-nezaketten haz almayı öğrendim-

In Antwerpen

ich bin ein regenfaden im himmel
neben anderen
sehe alleine mich fallen

wolken zerbrechen mit einem hammer
in anwerpen
ich bin wie dieser faden

ziehe einen handschuh über mein herz
und halte die menschen

vor allem an männer [in meinem land]
denke ich
und warum sie mit hämmern in händen umherstreifen

- so lernte ich, freundlichkeit zu genießen -

Al-Uzza

Tek kişiyim
tel tel ayırıyorum kendimi

aynada çoğalır
seste kalabalıklaşır
                    gibi

Halid bin Velid'in elleri
yerine koyuyor tek tek

anatanrıça heykellerini

bir rüzgâr esiyor
şimdiden geriye

doğrultarak geçmişin
               devirdiklerini

Al-Uzza

ich bin nur eine
löse ich mich auf saite für saite

vervielfältige mich im spiegel
als fülle sich die stimme

stück für stück stellen halid bin velids
hände auf den boden

die statuen der muttergöttin

es weht ein wind
von jetzt zurück

zu errichten
        die gestürzten der vergangenheit

Al-'Uzzâ: altarabische Göttin. Ihr Heiligtum in Mekka wurde
durch Châlid ibn al-Walîd, einem der Gefährten des Prophe-
ten, zerstört.

Vulva

Dalgaları var
bedenimin
      soğuran

girdap içindesin

-direnme-

(yalayan bir dalga
çarpsın geçsin)

bat cesametli bir enkaz gibi
bedenimin en

dibine

yahut mercan
gibi içimde dur

Vulva

saugende wellen
meines körpers

du bist im strudel

- wehre dich nicht -

(lass die leckende welle
aufprallen, vergehen)

versinke wie ein gigantisches wrack
an der tiefsten stelle

meines körpers

oder bleibe in mir
wie eine koralle

Bozcaada

Bozca bir adasın
karadan uzak

rüzgârgülleri, gün batımları, sazlık sesleri,
kimsesiz bağ evleri, terkedilmiş değirmenler...

seni imbikten geçirir gibi -zihnimde-
damıtıyorum

som sedef gibi
kaplıyorsun bedenimi

Bozcaada

du gräuliche insel
weit vom festland

windrosen, sonnenuntergänge, klang des schilfes
einsame weinfelder, verlassene windmühlen

ich brenne dich - in meinen gedanken -
wie um dich zu destillieren

wie festes perlmutt
umschließt du meinen körper

Bozcaada (wörtlich: gräuliche Insel): Eine türkische Insel in der
Nordägäis

Şeytan

Ruhumun duvarları yıkılıyor
bedenimde kum fırtınası

çiğneyip kusuyor acı beni
parmaklarımı ve topuğumu
yiyor şeytan

geceye tutunuyorum
üstünde bakır ibrik
olan bilincimle

çöl birden başlıyor
hayatın kemiklerini
topluyorum ıssızlığın içinden

Satan

ein sandsturm in meinem körper
zerschlägt die mauern meiner seele

schmerz zermalmt mich und kotzt mich aus
meine finger und absätze
frißt der satan

ich klammere mich an die nacht
darüber mein bewußtsein
eine kupferkanne

mit einem mal beginnt die wüste
versammele ich aus dem innern der einöde
die knochen des lebens

Karanlığın Coğrafyası

Gözlerini kapatma gece oldu
kaybedebilirsin kendini
bir mürekkep gibi
dağılarak karanlığa

işte
her yer senin olduğun yer

işte ışığa çarpıp düşen yüzümüz
bir araya geliyor
parçaları birleşen bir vazo gibi

lekeleri yok aydınlığın...

bir sevgili gibi duran karanlık
kucaklıyor ve içine dâhil ediyor seni

işte yine
her yer senin olduğun yer

işte herkesin giydiği aynı elbise
gece

Geographie der Dunkelheit

schließe nicht deine augen, es ist nacht
du kannst dich verlieren
wie tinte
zerlaufend in die dunkelheit

so
ist überall als wärest du da

hier kommt unser gesicht zusammen
dass auf licht schlägt und fällt
wie eine vase deren teile sich zusammenfügen

keine flecken in der helligkeit...

die dunkelheit wie eine geliebte
umarmt dich und nimmt dich auf

so
ist überall als wärest du da

hier tragen alle das gleiche kleid
die nacht

Kadın

Sözcüklerin
etrafındaki
kumları
süpüren
       bir rüzgâr
       esiyor
Allah'ı
çağırıyor
       herkes
kendimi
alıp
ellerimle
       içimden
       dışıma
       koyuyorum
ben
insanın
       az
Allah'ın
       bol

olduğu yerim

Frau

ein wind
fegt
sand
von
    deinen
    worten

ein jeder
ruft
    gott

ich
nehme mich
an den händen
    kehre
    mein inneres
    nach außen
mein
ort
    mit wenig
mensch
    reich an
gott

Bedenimle Dünyanın Arasına

Saçlarımda umutsuzluk uzuyor
kökü bende nasılsa

yeryüzü gibi dümdüzüm
yeryüzünün ortasında

anılarımı bir çadıra koysam
-kendimi başka bir çadıra-

gözlerim kayboluyor...

bir tohumdan çıkmış gibiyim
bir tohuma girecek gibi

acılar taşıyan bir kervan
geçiyor her gün üzerimden

-bir nal iziyim bu yüzden
günün yüzünde-

bedenimle dünyanın arasına
mesafe koymalıyım

Zwischen meinen Körper und der Welt

in meinen haaren wächst die verzweiflung
ihre wurzeln aber liegen in mir

flach bin ich wie die erde
in der mitte der erde

lege ich meine erinnerungen in ein zelt
- und mich selbst in ein anderes -

so verschwinden meine augen...

als wäre ich aus einem samen entwachsen
als würde ich in einen samen eingehen

jeden tag durchquert mich
eine karawane voller schmerzen

- ich bin die spur eines hufeisens
im angesicht des tages -

ich sollte abstand legen
zwischen meinen körper und der welt

Müesser Yeniay (geboren 1984 in Izmir, Türkei). Studierte Anglistik an der Ege Universität Izmir (Bachelor) und Türkische Literatur an der Bilkent Universität Ankara (Master). Ihr erster Gedichtband Dibine Düşüyor Karanlık da erschien 2009, seither folgten vier weitere Bände sowie mehrere Bücher über zeitgenössische türkische Lyrik sowie Anthologien und Übersetzungen internationaler Lyrik ins Türkische. Müesser Yeniay ist Herausgeberin der Lyrik-Zeitschrift Şiirden. Derzeit ist sie Doktorandin für Türkische Literatur an der Bilkent Universität Ankara.

Müesser Yeniay erhielt unter anderem den Homeros Atilla İlhan Preis (2007), Ali Rıza Ertan Preis (2009) und den Enver Gökçe Preis (2013). Im Jahr 2016 wurde sie überdies für den Pushcart Prize (USA) nomminiert. Ihre Gedichte wurden ins Englische, Französische, Spanische, Portugisische, Dänische, Ungarische, Vietnamesische, Hindi, Persisch und Japanische übersetzt. Müesser Yeniay vertrat die Türkei in internationalen Lyrikanthologien und -festivals.

Buchveröffentlichungen: Dibine Düşüyor Karanlık da (2009), Yeniden Çizdim Göğü (2011), Öteki Bilinç: Gerçeküstücülük ve İkinci Yeni (2013), Ben Olmadan Çöller Vardı (2014), Dibine Düşüyor Karanlık da & Yeniden Çizdim Göğü (2015), Türk Edebiyatında Modern Okumalar (2016), Sevgiliyle Daimî Konuşma (2017), Şiir Belleği: Poetika, Kanon ve Kadın Üzerine Yazılar (2019).

Übersetzungen: Evimi Dağlara Kurdum. Dünyadan Şiirler (2010), Lalelere Requiem (Behruz Kia, 2012), Gerard Augustin Seçme Şiirler (gemeinsam mit Eray Canberk, Başak Aydınalp und Metin Cengiz, 2011), Michel Cassir Kişisel Antoloji (gemeinsam mit Eray Canberk, Metin Cengiz, 2011). İspanyol Şiiri Antolojisi (gemeinsam mit Metin Cengiz, 2013), Alkol Vadisi Baladı: Seçme Şiirler (Ronny Someck, 2014), İsteğin Hususiyeti (Attila F. Balazs, 2015), Yen Tu Dağının Çiçeği (Mai Van Phan, 2015), Hatıranın Issız Toprakları (Nguyen Quang Thieu, 2015). Übersetzungen ihrer Gedichte erschienen in Ungarn (A Rozsaszedes Szertartasa, AB-Art Verlag, 2014); den USA (Before Me There were Deserts, CC. Marimbo Verlag, 2015); Vietnam (Nghi le Hai Hoa Hong Trong Vuon, Vietnamesischer Schriftstellerverband, Englisch und Vietnamesisch, 2015); Spanien (Poemas Selectos; Edicion de Jaime B. Rosa); Kolumbien (Antes de mi Habia Desiertos, Sílaba Editores, 2016); Indien: (Bodhi Verlag, 2016); Frankreich (Ainsi Dicent-ils, Bruno Doucey Verlag); USA

(When I Slept in a Rose Petal, Mundus Artium Press, 2017), Japan (Duet of Flame), Portugal (Poesia a Sul, Conversa Permanente Com O Amado), und Dänemark (Permanent Tale Med De Elskede, 2022).

Martin Greve, Musikwissenschaftler und Übersetzer, beschäftigt sich seit den 1990er Jahren mit der Kultur der Türkei. Er unterrichtete Musikethnologie an verschiedenen Universitäten und Musikhochschulen in Deutschland, den Niederlanden, der Schweiz und in der Türkei, als freiberuflicher Journalist arbeitete er für Zeitschriften, Zeitungen und Rundfunksender. 2007 – 2011 kuratierte er für die Berliner Philharmonie die Konzertreihe „Alla Turca – Ein kultureller Dialog". Von 2006 bis 2011 war er Leiter des Studiengangs „Türkische Musik" am Konservatorium „Codarts" Rotterdam, von 2011-2018 wissenschaftlicher Referent am Orient-Institut Istanbul. Zuletzt erschien 2022 seine Übersetzung Der Drache und der Derwisch. Märchen aus Dersim von Caner Canerik (Verlag auf dem Ruffel). Martin Greve lebt seit 2008 in Istanbul.